Angelika Neuwirth
Zwischen Tempel und Zitadelle

Akademie der Wissenschaften zu Göttingen
Georg-August-Universität Göttingen

Julius-Wellhausen-Vorlesung

Herausgegeben von
Reinhard G. Kratz und Rudolf Smend

Heft 10

De Gruyter

Angelika Neuwirth

Zwischen Tempel und Zitadelle

Die Zerstörung des Jerusalemer Tempels
und seine Erneuerung im Islam

De Gruyter

ISBN 978-3-11-078945-4
e-ISBN (PDF) 978-3-11-078950-8
e-ISBN (EPUB) 978-3-11-078960-7
ISSN 1867-2213

Library of Congress Control Number: 2022940114

Bibliografische Information der Deutschen Nationalbibliothek
Die Deutsche Nationalbibliothek verzeichnet diese Publikation in der Deutschen Nationalbibliografie; detaillierte bibliografische Daten sind im Internet über http://dnb.dnb.de abrufbar.

© 2022 Walter de Gruyter GmbH, Berlin/Boston
Druck: CPI books GmbH, Leck

www.degruyter.com

Inhalt

Reinhard G. Kratz
Einführung VII

Angelika Neuwirth
Zwischen Tempel und Zitadelle. Die Zerstörung des Jerusalemer
Tempels und seine Erneuerung im Islam 1

1. Eine Herausforderung an die Philologie 1
2. Weltliche versus sakrale Ordnung 5
3. Verwerfung und Inkongruenzen 8
4. Eine periphere Gemeinde und ihre Entdeckung
   Jerusalems als Zentrum 11
5. Die medinische Wende und die Gründung eines
   arabischen Zentrums 20
6. Eintritt in die Geschichte 25
7. Rückblick 31
8. Abbildungsverzeichnis 35

Einführung

Reinhard G. Kratz
Universität und Akademie der Wissenschaften zu Göttingen

Sehr geehrter Herr Präsident,
meine sehr geehrten Damen und Herren,
sehr verehrte, liebe Frau Neuwirth!

Es ist mir eine besondere Ehre und ein Vergnügen, Sie, liebe Frau Neuwirth, als Rednerin der diesjährigen Julius-Wellhausen-Vorlesung begrüßen und dem Publikum vorstellen zu dürfen.

Der Namensgeber dieser Vorlesung, Julius Wellhausen, war nicht nur Bibelwissenschaftler, der bahnbrechende Beiträge zur Wissenschaft des Alten und des Neuen Testaments vorgelegt hat, sondern – und zwar in der zweiten Lebenshälfte in der Hauptsache – auch Arabist. Wie er selbst den Zusammenhang zwischen den verschiedenen Gebieten gesehen hat, geht aus einem vielzitierten Selbstzeugnis hervor, mit dem Wellhausen in seiner Monographie „Muhammad in Medina" von 1882 seinen Wechsel von der theologischen in die philosophische Fakultät begründete: „Den Uebergang vom Alten Testament zu den Arabern habe ich gemacht in der Absicht, den Wildling kennen zu lernen, auf den von Priestern und Propheten das Reis der Thora Jahve's gepfropft ist. Denn ich zweifle nicht daran, daß von der ursprünglichen Ausstattung, mit der die Hebräer in die Geschichte getreten sind, sich durch die Vergleichung des arabischen Altertums am ehesten eine Vorstellung gewinnen läßt." (Muhammed in Medina, 5).

Was damit gemeint ist, versteht man am besten aus Wellhausens Untersuchung „Reste arabischen Heidentums", die 1887 in erster, 1897

Für die Herstellung und Korrektur der Druckvolage danke ich meinem studentischen Mitarbeiter Peter Adelt.

in zweiter, erweiterter Auflage erschienen ist. Hier unternimmt er es, hinter die islamische Übermalung zurück zu den Ursprüngen der arabischen Religion vorzustoßen. Diese zeichnete sich durch Vielfalt religiöser Vorstellungen und Praktiken aus, bevor sie in einem langen Prozess von dem Islam vereinnahmt und zugunsten einer doktrinären Theologie überwunden wurde.

Ebenso habe sich auch die israelitische Religion – so Wellhausen wörtlich – „aus dem Heidentum erst allmählich emporgearbeitet" (Geschichte, 32). Am Anfang stand die religiöse Vielfalt, am Ende die Tora des Mose, die jüdische Religion des Gesetzes. Und ähnlich sei es auch im Christentum gegangen. Aus dem Juden Jesus, der auf den Messias wartete, ist erst in den Evangelien der Messias und Gottessohn geworden. Wellhausen spricht von einer „plötzlichen Metamorphose", aus der das Christentum und die verfasste Kirche hervorgegangen seien.

Wellhausen sah also in allen drei Weltreligionen – dem Judentum, dem Christentum und dem Islam – dasselbe Muster der historischen Genese. Das hat nicht zuletzt mit der Art der Überlieferung zu tun – des Alten und des Neuen Testaments und des Korans, die in allen drei Fällen sehr ähnlich ist: eine fest gefügte, theologisch hoch reflektierte und literarisch komplexe Tradition, die die historischen Anfänge teils verklärt, teils polemisch verzerrt. Nach Wellhausen besteht die Aufgabe der Wissenschaft darin, diese Tradition und ihre – wie er sich ausdrückt – „Verdunkelung" aufzudecken, um so die verschiedenen Stadien zu erkennen, die der Tradition jeweils voraus liegen. Wellhausen war der Auffassung, dass man dies am besten bei den alten Arabern lernen könne.

Sie werden sich sicher fragen, meine Damen und Herren, warum ich so lange Wellhausen referiere statt die Rednerin des heutigen Abends, Frau Professorin Angelika Neuwirth, einzuführen. Nun, der Rückgriff auf Wellhausen ist bereits die halbe Einführung.

Das betrifft zum einen die Vita. Wie einst Wellhausen hat auch Angelika Neuwirth von 1964–1967 in Göttingen Semitistik und Arabistik sowie Klassische Philologie studiert und wurde – nach der Fortsetzung des Studiums an der Hebräischen Universität in Jerusalem – im Jahr 1972 hier promoviert. 1977 erfolgte die Habilitation in München, daran schlossen sich Lehrtätigkeiten in Amman und Kairo an sowie die Berufungen zunächst 1984 nach Bamberg und schließlich 1991 nach Berlin an die Freie Universität. In die Berliner Zeit fällt auch die Direktorentätigkeit am Orient-Institut der Deutschen Morgenländischen Gesellschaft in Beirut und Istanbul.

Aber auch in fachlicher Hinsicht bietet sich ein Vergleich an. So hat sich auch Angelika Neuwirth mit der historischen Kontextualisierung des Islams im Verhältnis zu Judentum und Christentum in der sogenannten Spätantike bis in die Neuzeit befasst. Die interdisziplinäre Perspektive spiegelt sich bereits in der Vita – mit der höchst ungewöhnlichen Wahl von Jerusalem als Studienort für Arabistik neben Aufenthalten in Teheran, Amman, Kairo, Beirut und Istanbul –, doch vor allem wird diese Perspektive in dem wissenschaftlichen und publizistischen Schaffen deutlich.

Als prominentes Beispiel nenne ich das Projekt Corpus Coranicum, das Angelika Neuwirth begründet hat und seit 2007 leitet. In diesem Projekt geht es um eine historisch-kritische Lektüre des Korans. Neben einer genauen Analyse des Korantextes und seiner Überlieferung wird ein gelehrter Kommentar erstellt, der die vielfältigen Beziehungen des Korans zu jüdischen und christlichen Quellen erschließt. In diesem Projekt geht es also nicht um die Vorgeschichte des Islams, das arabische Heidentum, wie Wellhausen es nannte, sondern um die Geschichte des Korans selbst als des Gründungsdokuments des Islam. Aber wie bei Wellhausen geht es um ein geschichtliches Verständnis des Korans.

Wenn Frau Neuwirth – auf ihre begeisterte und begeisternde Weise – über die historisch-kritische Lektüre des Korans und die Geschichte des frühen Islams spricht, fühlt man sich unweigerlich an Wellhausens Selbstzeugnis erinnert. So sagte auch Frau Neuwirth in einem Beitrag des Deutschlandfunks (vom 5.1.2016): „Man sieht im Grunde sich auf einer ganz bekannten Bahn wandeln, nämlich auf der Bahn der Israeliten, die unter Mose ganz ähnliche Geschicke erlebt haben. Man wächst durch die Psalmen und durch diese Psalmen haben sie sich dann sozusagen selber rekonstruiert als neues Volk Gottes in den Fußspuren der Israeliten."

Doch wenn man das ganze Interview liest, entdeckt man sofort auch die Unterschiede und die neuen Akzente, die Frau Neuwirth setzt.

Ein Unterschied besteht darin, dass Angelika Neuwirth eine Frau ist, die sich in der nach wie vor männlich dominierten Wissenschaft wie auch in der muslimischen Welt einen Namen gemacht hat. Preise, Fellowships und Ehrungen im In- und Ausland zeugen davon, dass sie nicht nur im christlichen Westen, sondern auch in der jüdischen und muslimischen Welt als Gesprächspartnerin anerkannt und hoch geachtet ist. Sie redet nicht nur, wie es zur Zeit Wellhausens im 19. Jahrhundert üblich war, *über* die verschiedenen Kulturen, sondern hat *in ihnen* selbst gelebt und steht in direktem Austausch mit ihnen. Das macht einen großen Unterschied.

Aber auch fachlich geht Angelika Neuwirth neue Wege. Wenn sie den Koran historisch-kritisch liest, geht es ihr nicht nur um die Rekonstruktion der antiken Geschichte. Das zweifellos auch. So ist das Kommentarwerk, das in dem Projekt Corpus Coranicum entsteht, in erster Linie eine immense Ansammlung spätantiken Materials, das einerseits den Koran erschließt, andererseits ein neues Bild von der sogenannten Spätantike entstehen lässt, in dem nicht nur das Christentum, sondern eben auch das Judentum und der Islam eine zentrale Rolle in der Kulturgeschichte Europas und des Orients spielen.

Doch die historisch-kritische Lektüre des Korans hat auch eine Bedeutung für die Gegenwart. Denn sie erschließt ein Selbstverständnis des Korans, das zurückwirken soll auf das Selbstverständnis und das Verhältnis von Juden und Christen zum Islam. Die Analyse und historische Dekonstruktion des Korans ist nötig, um in ihm das zu entdecken, was er ist: ein Gebetstext und Hymnus, nicht einfach ein Gesetzbuch, das es wortwörtlich zu befolgen gilt. So wie im Christentum die Person Jesus Christus an die Stelle des göttlichen Wortes in der Tora des Mose getreten ist, so ist nach Neuwirth im Islam der Koran an die Stelle der Person Jesus Christus im Christentum getreten. „Was auch ganz wichtig ist" so formuliert es Angelika Neuwirth in besagtem Interview, „Dass der Koran ja nicht wie die Bibel die ‚Heilige Schrift' ist, sondern er ist zugleich da, wo Christus im Christentum steht. Das heißt, der Koran ist der verbalisierte Logos. Er ist diese sakrale Brücke, die jedem jederzeit offen steht. Das ist ein sehr starker Unterschied."

Die historisch-kritische Lektüre des Korans ist für Angelika Neuwirth somit der Weg, um zu einem neuen Verständnis des Islams zu gelangen, aber auch der Weg für Juden und Christen in Europa und der ganzen Welt, sich von dem neuen Koranverständnis herausfordern zu lassen und ihr Verhältnis zum Islam neu zu bestimmen, ja, von ihm sogar zu lernen.

Was das bedeutet, werden wir heute sicher in dem Vortrag über den Tempelberg in Jerusalem hören, eines der heikelsten Themen, das die drei abrahamitischen Religion in besonderer Weise bewegt.

Wir sind Ihnen, sehr verehrte Frau Neuwirth, außerordentlich dankbar, dass Sie zu uns, ihrer *alma mater*, gekommen sind und dieses heiße Eisen anpacken – ausgehend von der historisch-kritischen Lektüre des Korans.

Zwischen Tempel und Zitadelle.
Die Zerstörung des Jerusalemer Tempels und seine Erneuerung im Islam

Angelika Neuwirth
Freie Universität Berlin

1. Eine Herausforderung an die Philologie

Koran-Philologie, die im heutigen Streit um die Zugehörigkeit des Islam zur europäischen Kulturgeschichte immer wieder in den Zeugenstand gerufen wird, steht vor einer herausfordernden Aufgabe. Gefordert ist nicht weniger als eine „politische, eine sich ihrer sozialen Einbindung bewusste Philologie". Kann Philologie aber überhaupt politisch sein?[1] Ist sie nicht vielmehr eine zeitentbundene Praxis, eine Arbeit, die ihren Gegenstand „aseptisch", gewissermaßen im Sauerstoffzelt einer reinen Textwelt, fern jeder politischen Auseinandersetzung, bearbeitet? Es mag überraschen, dass unser Problem bereits vor 150 Jahren einmal Thema war – in einem Streit zwischen zwei der bedeutendsten Philologen ihrer Zeit, der bis heute seine Relevanz bewahrt zu haben scheint: Im Jahr 1872 veröffentlichte einer der Begründer der Klassischen Philologie, Ulrich v. Wilamowitz-Moellendorff, eine Schrift mit dem Titel „Zukunftsphilologie!"[2], faktisch eine Polemik gegen das von Friedrich Nietzsche soeben

---

1 Siehe dazu ausführlich meine Ausführungen in *Koranforschung – eine politische Philologie? Bibel, Koran und Islamentstehung im Spiegel spätantiker Textpolitik und moderner Philologie*, Berlin 2014.
2 Ulrich v. Wilamowitz-Moellendorff, „*Zukunftsphilologie!* eine Erwiderung auf Friedrich Nietzsches ‚Geburt der Tragödie' (1872)", in: Karlfried Gründer (ed.), *Der Streit um Nietzsches ‚Geburt der Tragödie'. Die Schriften von E. Robde, R. Wagner, U. v. Wilamowitz-Möllendorff*, Hildesheim 1969, S. 27–55.

publizierte Werk „Die Geburt der Tragödie aus dem Geist der Musik"[3]. Wilamowitz insistierte auf einer ‚reinen Philologie als Wissenschaft jenseits der realen Zeit'. Nietzsche erwiderte mit dem Verdikt, die von Wilamowitz geforderte rigorose historische Forschung, hermetisch abgeschottet von der lebendigen Gegenwart des Forschers, sei verhängnisvoll, von geradezu letaler Wirkung, eine Methode, die klassische griechische Kultur ‚abzutöten'.

Der amerikanische Indologe Sheldon Pollock, dem wir die neugeweckte Erinnerung an diese Kontroverse verdanken[4], sieht in ihr mehr als eine wissenschaftsgeschichtliche Episode. Der Streit der beiden großen Gelehrten um die „Zukunftsphilologie" – als absolut textreferentiell, isoliert von den Fragen der Zeit betrieben, oder als offene, mit der intellektuellen Realität des Forschers verschränkte politische Philologie – sei vielmehr ein Streit zwischen Wissenschaft und Bildung, in Pollocks Worten *„a struggle between historicists and humanists, ... scholarship and life"*, und damit ein Muster, das sich immer wieder aktualisiere. In der Tat hat Nietzsches Verdikt bald ein Echo gefunden – in dem ein halbes Jahrhundert später von Gershom Scholem gegen die philologischen Gelehrten der „Wissenschaft des Judentums" geschleuderten Vorwurf, ‚Totengräber des Judentums' zu sein[5]. Heute scheint das Pendel in der arabischen Philologie wieder zu Wilamowitz' Position einer gesellschaftsabgewandten Praxis zurückzuschwingen.

Folgt man Sheldon Pollocks Manifest „Future Philology", in dem er von der Philologie – nach dem Nietzscheschen Vorgang – neben dem Studium des Textes und seiner Kontextualisierung mit den Diskursen der Zeit als Drittes auch noch die Einbeziehung des intellektuellen Standortes des philologischen Forschers selbst fordert, so bietet die Forschungsge-

---

3   Friedrich Nietzsche, „Die Geburt der Tragödie", in: Giorgio Colli / Mazzino Montinari (ed.), *Sämtliche Werke. Kritische Studienausgabe*, Bd. 1, München / Berlin / New York 1988, S. 9–156; vgl. dazu: James Porter, *Nietzsche and the Philology of the Future*, California 2000.
4   Sheldon Pollock, „Future Philology? The Fate of a Soft Science in a Hard World", in: *Critical Inquiry* 35/4 (2009), S. 931–961. Die Überlegungen haben 2010 ein Forschungs- und Stipendiatenprojekt, „Zukunftsphilologie", geleitet von Islam Dayeh an der Freien Universität, angeregt.
5   Vgl. Gershom Scholem, „Überlegungen zur Wissenschaft des Judentums", in: Peter Schäfer / Gerold Necker / Ulrike Hirschfelder (ed.), *Judaica 6. Die Wissenschaft vom Judentum*, Frankfurt am Main 1997, S. 9–52.

schichte bereits die beiden ersten Erfordernisse betreffend ein unausgewogenes Bild: zwar wurde Textstudium seit Beginn der Koranphilologie im 19. Jahrhundert intensiv betrieben[6], doch blieb der Kontext des Koran fast ausschließlich auf einen einzigen Bereich eingegrenzt: die spätantiken, zumeist christlichen theologischen Debatten des weiteren Milieus. Obwohl sie wichtige Prämissen für die sich herausbildenden koranischen theologischen Positionen darstellen, scheinen sie vielen Forschern vor allem Beweise für die Nachhaltigkeit der älteren religiösen Traditionen zu liefern. Ihre Thematisierung reicht in die Zeit der Entstehung der Koranforschung selbst zurück[7], wo man in der Koranforschung vor allem nach der Rezeption jüdischer oder christlicher Traditionen fragte – eine Perspektive, die weite Forscherkreise bis heute beherrscht. Die „indigenen", archäologischen und epigraphischen Dokumente der arabischen Halbinsel erfahren erst in neuerer Zeit intensive Beachtung[8], auch sie stellen den Korantext jedoch – nicht anders als die spätantiken theologischen Traditionen der Umwelt – eher in einen historischen als in einen koran-zeitgenössischen Kontext. Dieser zeitgenössische Kontext ist bisher kaum je in Betracht gezogen worden[9], der Koran wurde bis jetzt als Text aus dem abgelegenen Hidjaz, einer Landschaft, die zwar von spätantiker Kultur berührt war[10], die aber als im Schatten der großen politischen und ideologischen Entwicklungen der weiteren Umwelt stehend galt. Erst die in der Nachbardisziplin der spätantiken Geschichte neu erarbeiteten Analy-

---

6 Philologische Textforschung beginnt mit Theodor Nöldeke, *Die Geschichte des Qorâns*, Berlin ¹1860.
7 Pionier der kontextuellen Erforschung des Koran ist Abraham Geiger, dessen Werk *Was hat Mohammed aus dem Judenthume aufgenommen?*, Leipzig 1833, die kritische Koranforschung eröffnete.
8 Christian J. Robin, „L'Arabie dans le Coran. Réexamen de quelques termes à la lumière des inscriptions préislamiques", in: François Déroche / Christian Julian Robin / Michel Zink (ed.), *Les origins du Coran. Le Coran des origins*, Paris 2015, S. 27–74.
9 Eine Ausnahme sind Michael Leckers Studien zu dem realen Habitat der Juden und Nicht-Juden von Medina, die jedoch auf Zeugnissen der islamischen Tradition beruhen.
10 James E. Montgomery, „The Empty Ḥijāz", in: idem (ed.), *Arabic Theology, Arabic Philosophy: From the Many to the One: Essays in Celebration of Richard M. Frank*, Leuven 2006, S. 37–97.

sen auch der ideologischen Positionen der Zeit[11] – vor allem der im siebten Jahrhundert grassierenden apokalyptischen Vorstellungen – haben in neuester Zeit die Augen für die Tatsache geöffnet, dass die koranische Gemeinde selbst an diesen aktuellen Debatten teilgenommen haben muss. Von dieser Bedeutung der politisch-ideologischen „Großwetterlage", in die hinein der koranische Text spricht, soll im Folgenden die Rede sein. Der Koran selbst wird im Laufe seiner Entwicklung immer mehr zu politisch relevanter Rede; sein Eintreten in die Arena ideologischer Debatten ist ein Schlüssel zu seinem Verständnis als „politisches Ereignis", als *événement*, das nicht nur den Kultus („Tempel"), sondern auch die weltliche Macht („Zitadelle") betrifft.

Bleibt noch Pollocks Forderung, auch den Standort des Forschers selbst als einen integralen Faktor seiner Arbeit anzuerkennen. Vor der Einsicht, dass es kristallin klar objektbezogenes, ideologisch unbeteiligtes Forschen nicht gibt, ist eine Selbstpositionierung des Forschers unumgänglich. Jan Assmann, der sich in der protestantisch-christlichen Tradition stehend und als Nachgeborener der schwersten Katastrophen und Verbrechen der deutschen Geschichte sieht, nimmt für sich in seinem Buch „Exodus" eine „teilnehmende Beobachtung" in Anspruch[12]. Daran angelehnt möchte sich auch die hier eingenommene Position als „teilnehmend" verstehen; sie ist aber nicht aus der Erfahrung europäischer Geschichte abgeleitet, sondern basiert auf der Wahrnehmung von die Geschichte durchziehenden Interaktionen zwischen europäischer und nahöstlicher Kultur, insbesondere im Feld der drei monotheistischen Religionen. Es soll daher eine Vogelperspektive eingenommen werden, die weder teleologische – etwa im Sinne eines Fortschrittsdenkens, das der nordmittelmeerischen Kultur eine Überlegenheit zuerkennt – noch exklusivistisch-eurozentrische Positionen zulässt.

---

11 James Howard-Johnston, *Witnesses to a World of Crisis. Historians and Histories of the Middle East in the Seventh Century*, Oxford 2010; Günter Stemberger, „Jerusalem in the Early Seventh Century: Hopes and Aspirations of Christians and Jews", in: Lee I. Levine (ed.), *Jerusalem. Its Sanctity and Centrality to Judaism, Christianity, and Islam*, New York 1999, S. 260–272.

12 Jan Assmann, *Exodus. Die Revolution der Alten Welt*, München 2015, S. 14.

2. Weltliche versus sakrale Ordnung

Abb.1 Der Triumphbogen des Titus, Rom.

Am Anfang steht ein skandalöses Ereignis: Eines der eindrucksvollsten Monumente des alten Rom ist der Triumphbogen des Titus. Er feiert den im Jahre 70 errungenen römischen Sieg über die Provinz Iudaea, der mit der Zerstörung der Stadt Jerusalem und ihres Temples besiegelt worden war. Aus dem Skulpturenprogramm im Inneren des Bogens ragt ein Relief hervor, das Weltruhm genießt – vielleicht gerade weil es die prätentiöse Dimension des römischen Projekts so deutlich zur Schau stellt: Es präsentiert den Triumphzug, auf dem wichtige Kultobjekte aus dem Tempel mitgeführt wurden, die Menora, die goldenen Trompeten, die Schaufeln für die Entfernung der Asche vom Altar und der Tisch für die Schaubrote – so als wären bei dem Feldzug nicht nur die jüdischen Rebellen, sondern auch der jüdische Kult selbst besiegt worden. Was der Triumphbogen markiert, ist aber – aus der Retrospektive gesehen – nicht das Ende des Kultes, sondern das – durch den monströsen Akt der Profanierung des Tempels eingeleitete – Ende der von Rom vertretenen

Abb.2 Relief auf der linken Innenseite des Bogens.

säkularen Ordnung, oder – mit Guy Stroumsa gesprochen – das Ende der „Zivilreligion", der *civic religion*[13]. Denn was auf dem Relief zusammen mit den menschlichen Geiseln in die Gefangenschaft verschleppt wird, ging entgegen dem Augenschein gerade nicht verloren, sondern wurde Teil der Kultsymbolik der nun entstehenden neuen „kommunitären Religionen", Judentum und Christentum, die wenig später die südmittelmeerischen römischen Provinzen überziehen sollten. Wieder einige Jahrhunderte später wird sich die sakrale Ordnung noch einmal gegen militärisch überlegene Gegner, zuerst lokale Pagane, dann auch römische Armeen, behaupten und so dem Propheten Muhammad den Weg für die Gründung eines auf der religiösen Ordnung basierenden Staates bahnen.

Man könnte – dem Vorbild Jan Assmanns in seiner Einschätzung bedeutender Ereignisse der alten Geschichte[14] folgend – der Zerstörung des Tempels und seinem Wiederaufleben in machtvollen neuen Repräsen-

---

13 Guy Stroumsa, *Das Ende des Opferkults. Die religiösen Mutationen der Spätantike*, Berlin 2011, unterscheidet zwischen ziviler, staatlich verankerter, und kommunitärer, auf Freiwilligkeit der individuellen Gläubigen basierender Religion; im Übergang von ersterer zu letzterer sieht er eine der entscheidenden „religiösen Mutationen" der Spätantike.

14 Sein Buch *Exodus. Die Revolution der Alten Welt*, München 2015, erweist die Exodus-Narrative als paradigmatisch für die Identitätskonstruktion auch noch späterer europäischer Gesellschaften.

Abb.3 Der Tempelberg *Al-ḥaram al-sharīf* in Jerusalem.

tationen eine paradigmatische, sinngeschichtliche Dimension zusprechen. Diese sinngeschichtliche Dimension wirkt sich im Falle des Tempels sogar über das jüdisch-christliche Europa hinaus aus; wie gezeigt werden soll, ist das Tempelkonzept gerade für den Islam formativ geworden, was eine Diversität von Heiligtumsbildern erzeugt hat, die so anderswo unbekannt ist. Die „verworfenen Steine" des Jerusalemer Tempels wurden so betrachtet gewissermaßen zu „Bausteinen" neuer Heiligtümer: nicht nur dem im himmlischen Jerusalem und dem auf Golgatha, sondern auch dem in Mekka und schließlich dem auf dem *Ḥaram al-sharīf*. In welchem Verhältnis stehen diese Heiligtümer zu einander? Und welche politischen Wahrnehmungen des jeweils anderen sind daraus entstanden?

3. Verwerfung und Inkongruenzen

Heute eine genealogische Beziehung zwischen dem Jerusalemer Tempel und dem islamischen Felsendom in Jerusalem herzustellen, kommt einem Tabu-Bruch gleich. Zu einer Zeit, wo Archäologen international obsessiv damit befasst sind, den salomonischen Tempel wieder aufzufinden, herrscht in muslimischen Kreisen über den historischen Tempel Stillschweigen, das sich bei einigen sogar zu einer Leugnung seiner historischen Realität überhaupt steigert[15]. Der gegenwärtige – politisch gefärbte – Antagonismus darf aber nicht für einen tieferen, hermeneutischen Einschnitt blind machen: Moderne Archäologen sind tief im Historismus des 19. Jahrhunderts verwurzelt, sie haben inzwischen Welten des Altertums zugänglich machen können, die Teil der westlichen Identität geworden sind. Diese Erkenntnisse berühren sich aber kaum mit der islamischen Erinnerung, die relevante Geschichte erst im 7.

---

15 Die archäologische Erforschung der jüdischen Bebauung des Heiligtumsbergs (wie der „Tempelberg" mit einem inklusiveren Namen bezeichnet werden kann), die nach 1967 überragende Bedeutung gewonnen hatte, verband sich seit den 80er Jahren mit der immer häufiger laut werdenden Forderung nach dem Wiederaufbau des Tempels auf dem Areal des Heiligtumsbergs. Als Antwort darauf griffen konservative muslimische Kreise auf ihre religiösen Traditionen zurück und legten sie ihren eigenen Forderungen nach Verfügung über den Heiligtumsberg zugrunde. Koranverse und Prophetenaussprüche wurden gegen die historischen Befunde ins Feld geführt. Die *UNESCO* Resolution vom September 2016, in der die Wiedereinführung der islamischen Namen für die Heiltgtümer eingefordert wurde, ist nur die Spitze des Eisbergs. Andere Texte, wie eine Broschüre, *Clarifications of Misconceptions: Al-Aqsa Mosque*, Jerusalem 2013, herausgegeben von der Verwaltung der Heiligtümer, wagen eine explizite Übersetzung von mythischer Tradition in Fakten. Der Fels, den Archäologen heute mit dem Tempel verbinden, wird aus seinem historischen Kontext gelöst und mit einer mythischen – im Koran und im Hadith überlieferten – Ätiologie unterlegt. Der Fels ist nicht Relikt eines Tempels sondern wie auch in der midraschichen Tradition mythischer Ort des Schöpfungsbeginns, ein Antipode des benachbarten Kettendoms, der den Ort des Jüngsten Gerichts markiert. Jerusalem, schon aus dem Judentum als *axis mundi*, wo Anfang und Ende, Himmel und Erde konvergieren, bekannt, ist dieser geschichtsabgewandten Sicht zufolge mit steinernen Tempelbauten unvereinbar.

Jahrhundert, mit dem Auftreten des Propheten, beginnen lässt[16]. Der Islam – und mit ihm der Koran – ist ein Spätankömmling in der Religionsgeschichte. Er betritt die Bühne in der Spätantike – gemeint nicht als Epoche, sondern als ein „Denkraum"[17] in dem Gebildete verschiedener Provenienz ein zentrales Projekt verfolgten, nämlich ihre jeweiligen „antiken", kanonischen Texte unter einer neuen, „spätantiken" Perspektive neu zu lesen. Diese Perspektive ist beherrscht vom „Wort", vom Logos. „Mit ihm" (be-reshit, Gen 1,1, verstanden als ‚mithilfe von Anfang = Schöpfungswort') – so eine spätantike Deutung[18] – „erschuf Gott Himmel und Erde", das Wort geht also der Schöpfung voraus. Nicht mehr Gott allein wirkt in der Geschichte, es ist seine Rede, sein Wort, das wirkt. Faktische Ereignisse haben damit ihre Signifikanz an ihre geistige Bedeutung abgegeben. Die beiden traumatischen Erfahrungen, die die Entstehung der beiden älteren Religionen vorangestoßen hatten, die Kreuzigung Jesu und die Tempelzerstörung, werden von Christen und Juden spirituell verwandelt: die Kreuzigung wird durch die Auferstehung verklärt, der ein „zweites Kommen" folgen wird. Die Tempelzerstörung beflügelte im Judentum die Vorstellung von einem transzendenten, „oberen Jerusalem", zu dem privilegierte Gerechte im ekstatischen Zustand aufsteigen dürfen[19]. Sie schürte vor allem aber die Hoffnung auf Wiederherstellung von Stadt und Tempel. Im christlichen Kontext ist das „himmlische Jerusalem" seit der Offenbarung Johannis als Antipode der irdischen Stadt fest etabliert. Das steinerne Gebäude des physischen Tempels trat damit hinter seinem erhabeneren Bild als spiritueller Tempel zurück.

---

16 Siehe zu dieser Geschichtsauffassung die Kritik des libanesischen Historikers Samir Kassir, *Das arabische Unglück*, Berlin 2006.
17 Vgl. die Einleitung zu Nora Schmidt / Nora K. Schmid / Angelika Neuwirth (ed.), *Denkraum Spätantike. Reflexionen von Antiken im Umfeld des Koran*, Wiesbaden 2016, S. 1–35.
18 Vgl. etwa Targum Neofiti zu Gen 1,3, wo der Logos, die Memra des Herrn in den Schöpfungsprozess involviert ist, siehe dazu Daniel Boyarin, „The Gospel of the Memra: Jewish Binitarism and the Prologue to John", in: *The Harvard Theological Review* 94 (2001), S. 256; vgl. auch die Sprüche der Väter, in denen das Zehnwort bzw. die zehn Worte der Schöpfung aufgegriffen werden, mAvot 5,1.
19 Zu der sog. Hekhalot-Literatur siehe Peter Schäfer, *Die Ursprünge der jüdischen Mystik*, Berlin 2011.

Auch hier allerdings nicht durchgehend. Seit Konstantins Errichtung und vermehrt seit Justinians Ausbau der Anastasiskirche wurde, wie Pilgerberichte bezeugen, Golgatha als der eigentliche Tempel, der Ort des endgültigen, erlösenden Opfers verehrt – typologisch die Erfüllung des biblischen Opferkults. Weder Juden noch Christen hatten das Konzept des Opfers aufgegeben, sondern es vielmehr zu einem spirituellen Opfer sublimiert – sei es in Form kontinuierlichen jüdischen Lernens[20], sei es in der Eucharistie-Feier der christlichen Liturgie. Der Tempel und sein Kult hatten bei Juden und Christen also nie aufgehört, das große Symbol monotheistischen Gottesdienstes zu repräsentieren. Der sich herausbildenden muslimischen Gemeinde dagegen war der Jerusalemer Tempel in seiner ursprünglichen Funktion als Ort des Opferkults und damit als Grundstein der monotheistischen Gottesverehrung gänzlich unbekannt. Was ihnen entgegentrat, waren nur die Spuren, die die Zerstörung überdauert hatten, nicht physische Steine, sondern Ideen, Hoffnungen auf Wiederherstellung, manifest in dem apokalyptischen und messianischen Denken, das die Umwelt im 7. Jahrhundert beherrschte. Die Wahrnehmung der traumatischen Spuren des zerstörten Tempels war ein nicht leichtes Erbe, das zu einem eigenen Geschichtsdenken herausfordern musste. Spuren davon sollen im Folgenden verfolgt werden. Die koranische Einbettung in dieses ideologische Milieu blieb lange Zeit unbeachtet, erst dank neuer historischer Studien zum „Siebten Jahrhundert als Jahrhundert der Krise"[21] wird der Koran in dieses intellektuelle Kraftfeld gestellt.

---

20 Nach talmudischer Lehre ist nach der Tempelzerstörung der Gott für seine Kommunikation mit den Menschen verfügbare Raum auf den des Lehrhauses begrenzt, siehe bT Berakhot 8a. „Seit dem Tage, an dem das Heiligtum zerstört wurde, hat der Heilige, gepriesen sei er, in seiner Welt nichts weiter, als die vier Ellen der Halakha". Zu einem Kommentar siehe corpuscoranicum.de „Texte der Umwelt", TUK_1347 (Dirk Hartwig).
21 Siehe vor allem James Howard-Johnston, *Witnesses to a World Crisis. Historians and Histories of the Middle East in the Seventh Century*, Oxford 2010.

4. Eine periphere Gemeinde und ihre Entdeckung Jerusalems als Zentrum

Wie hat man sich die Begegnung der peripheren arabischen Gemeinde mit den universalen ideologischen Bewegungen vorzustellen? Die Gemeinde um Muhammad entstammte einer Stadt, Mekka, die um einen Heiligen Bezirk mit einem Tempel, *bait*, der Kaaba, herum angelegt war. Doch obwohl Mekka als Pilgerzentrum für die gesamte Halbinsel beträchtliches Prestige und wirtschaftliche Privilegien genoss, konnte es nicht beanspruchen, ein religiöses oder gelehrtes Zentrum zu sein[22], das theologisch auf sein weiteres Milieu ausgestrahlt hätte. Es wird zutreffender – mit Christian Robin – als Enklave, als „a pocket", des Heidentums auf der Halbinsel[23] beschrieben, deren Süden und Norden ja bereits für den jüdischen bzw. christlichen Monotheismus gewonnen waren. Dem heidnischen Kult ihres eigenen Tempels, der Kaaba, abgewandt musste die strikt monotheistische Gemeinde um Muhammad anderswo nach einem Zentrum suchen.

Ohne Konkurrenz war Jerusalem, das sich nach Hadrians urbaner Neustrukturierung 136 n. Chr. rasch zu einer christlichen Stadt entwickelt hatte und dank der von den Kaisern Konstantin und Justinian erbauten prächtigen Kirchen zum unbestrittenen symbolischen Mittelpunkt des östlichen Christentums und vielbesuchten Wallfahrtsziel[24] geworden war. Gerade im 7. Jahrhundert wurde seine Bedeutung als physischer Ort noch überstrahlt von einer ihm in der byzantinischen Reichseschatologie zugeschriebenen ideologischen Bedeutung als Ort der Endzeit. Chiliastische Erwartungen, aufbauend auf Jesaia 53–54 und der Offenbarung Johannis (Kap. 20–21) hatten sich bereits in der frühen patristischen Literatur, etwa bei Irenaeus, mit Jerusalem verbunden. Sie waren aber durch die spirituelle Deutung vor allem des Origenes verdrängt worden. In der Reichsideologie des 6./7. Jahrhunderts kommt Jerusalem erneut apoka-

---

22 Dies trifft eher auf Medina zu, wo eine gebildete jüdische Gemeinde ansässig war.
23 Mitteilung im Rahmen eines Vortrags gehalten an der BBAW im Dezember 2016.
24 Siehe dazu Lorenzo Perrone, „,The Mystery of Judaea' (Jerome, Ep. 46). The Holy City of Jerusalem between History and Symbol I Early Christian Thought", in: Lee I. Levine (ed.), *Jerusalem. Its Sanctity and Centrality to Judaism, Christianity, and Islam*, New York 1999, S. 221–239.

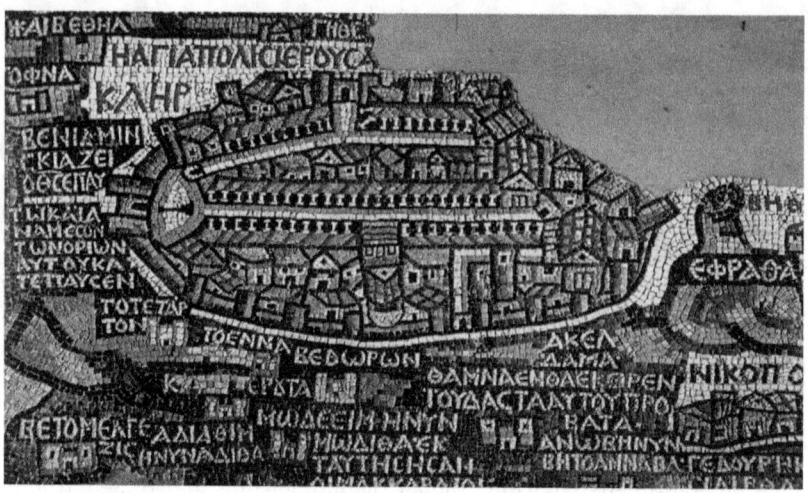

Abb.4 Madaba-Karte, um 500, mit Anastasis-Kirche im Mittelpunkt.

lyptische Bedeutung zu, es wird zum Schauplatz entscheidender endzeitlicher Ereignisse. In Jerusalem würde der letzte Kaiser seine Machtinsignien dem Gekreuzigten ausliefern und so die Herrschaft Gott übergeben. Die Prominenz der realen Stadt für die Christen darf dabei nicht vergessen machen, dass sich mit Jerusalem ungeschwächte jüdische Hoffnungen auf die Wiederherstellung ihrer von David gegründeten Stadt und den Wiederaufbau des Tempels verbanden. Denn der – nach der Zerstörung leer gelassene – jüdische Tempelberg behauptete weiterhin seine sakrale Aura: Entgegen der unter den Christen verbreiteten Sicht (die sich auch in der Madaba-Karte mit ihrer Aussparung des Tempelareals, siehe Abbildung 4, reflektiert), nach welcher für den Aufbau des „Neuen Jerusalem" der alte Tempel habe schwinden müssen, wurde er nicht nur in zahllosen Texten thematisiert, sondern sein Ort auch weiterhin von jüdischen Frommen zu liturgisch relevanten Zeiten in Erinnerung gerufen.

Welche Assoziation auch immer entscheidend gewesen sein mag, die Gemeinde schließt sich – noch in der Zeit der mekkanischen Verkündigung – Jerusalem als ihrem Zentrum an und richtet ihre Gebete zu diesem Ort hin aus.

Der Anschluss der Gemeinde an dieses Zentrum ist seinerseits kein isolierter Schritt. Er koinzidiert mit der Ersetzung des ererbten Tempel-Haus-Konzepts durch einen neuen Typus von Heiligtum, das *masdjid*.

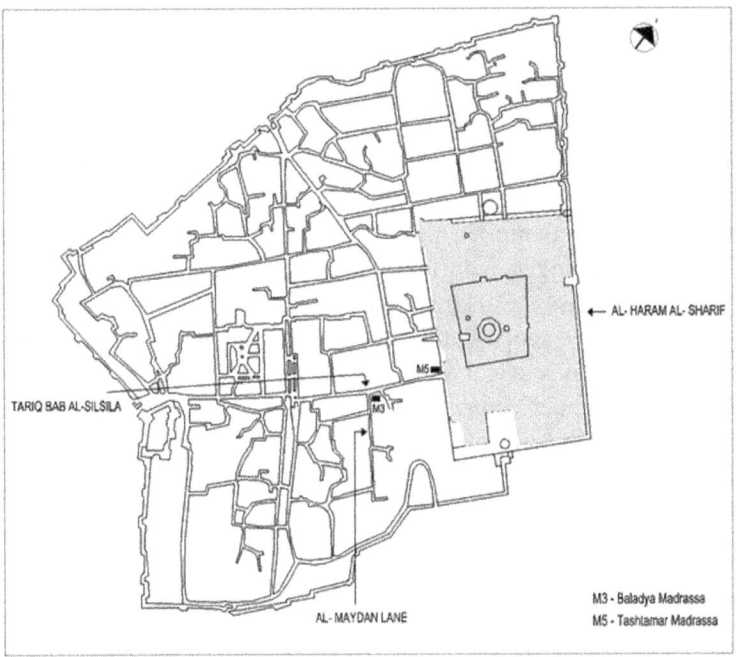

Abb.5 Karte der Altstadt (aus der Mamlukenzeit), die im Wesentlichen noch den römischen Stadtplan spiegelt und die überragende Proportion des Heiligtumsbergs im Südosten im Verhältnis zur Gesamtstadt erkennbar macht.

Ein *masdjid* ist einfach ein „Ort der Niederwerfung", der Prostration, ganz unabhängig davon, ob er überdacht, in ein Gebäude eingefügt ist oder sich unter freiem Himmel oder sogar in der Transzendenz befindet. Der neue Begriff reflektiert die bekannten schon von biblischen Propheten ausgesprochenen Vorbehalte gegen die Vorstellung von Gott als in einem Haus, *bait*, einem steingebauten Tempel, anwesend. Es ist nun bemerkenswert, dass die Wiederbelebung der alten Tempelkritik durch einen politischen Streit, eine kriegerische Auseinandersetzung um Jerusalem ausgelöst wurde: den Überfall der sassanidischen Perser auf die bis dahin von Byzanz gehaltene Stadt im Jahre 614 – ein seltener Fall von Datierbarkeit eines Korandiskurses mit einem politischen Ereignis der Zeit. Die byzantinische Niederlage und der Verlust Jerusalems wurden weithin als Katastrophe wahrgenommen. Zeitgenossenberichte sprechen von Massenermordungen christlicher Einwohner, dem Niederbrennen von Kirchen und der Verschleppung der Reliquie des Heiligen Kreuzes[25]. Da die Sassaniden die Juden gegen die Christen stützten, erschien diese Entwicklung als Umkehrung des religiös-politischen Status quo: Spätestens von nun an war die christliche Welt – in den Worten von Guy Stroumsa – *„rife with expectations of the Endzeit, with its traditional imagery of cosmic war between the forces of light and darkness"*[26]. In jüdischen Kreisen wiederum flammten messianische Hoffnungen auf, die in Schriften diverser Gattungen, von historischen Berichten bis zu liturgischen Gesängen, Piyyutim[27], Ausdruck fanden.

Reflexe dieser apokalyptischen Wellen sind auch im Koran, wenn man ihn als Zeugnis seiner weiteren Geisteswelt zu lesen bereit ist, erkennbar. Der Prophet Muhammad selbst dürfte von der nun freigesetzten Dynamik ergriffen gewesen sein. Seine berühmte „Nachtreise nach Jerusalem" kann als eine Einbringung in die Debatte um den Status Jerusalems verstanden werden. Es heißt in Q 17:1:

subḥāna lladhī asrā bi-'abdihi lailan
mina l-masdjidi l-ḥarāmi ilā l-masdjidi l-aqṣā
lladhī bāraknā ḥaulahu
li-nuriyahu min āyātinā
innahu huwa l-samī'u l-'alīm

Gepriesen sei, der seinen Diener nachts ausziehen ließ
von der heiligen Gebetsstätte zur ferneren Gebetsstätte,
die wir ringsum gesegnet haben,
um ihm von unseren Zeichen zu zeigen,
Er ist der Hörende, der Sehende.

Das Ziel dieser visionären Reise, *al-masdjid al-aqṣā*, „das fernere (oder fernste) Heiligtum", ist offenbar ein nicht-irdischer Ort. Dennoch ist der

---

25 Die wichtigsten Berichte hat James Howard-Johnston, *Witnesses to a World Crisis. Historians and Histories of the Middle East in the Seventh Century*, Oxford 2010, zugänglich gemacht.

26 Guy G. Stroumsa, „False Prophet, False Messiah and the Religious Scene in Seventh-Century Jerusalem", in: Markus Bockmuehl / James C. Paget (ed.), *Redemption and Resistance. The Messianic Hopes of Jews and Christians in Antiquity*, London / New York 2007, S. 289.

27 Siehe Günter Stemberger, „Jerusalem in the early seventh century: Hopes and Aspirations of Christians and Jews", in: Lee I. Levine (ed.), *Jerusalem. Its Sanctity and Centrality to Judaism, Christianity, and Islam*, New York 1999, S. 260–272.

neue Tempel lose mit dem Heiligen Land, „das wir ringsum gesegnet haben", verbunden. Angesichts des längst feststehenden Ranges Jerusalems als *axis mundi*[28], darf man sich *al-masdjid al-aqṣā* als zwischen Himmel und Erde oszillierend vorstellen. Ein so vorgestelltes Jerusalem kann nicht Teil der Herrschaft der Byzantiner, d.h. der Christen, noch auch der Sassaniden, der Schutzherrn der Juden, sein. Der Vers, der in der Tat eine dritte Option bietet, wird im Licht eines verwandten Bibelverses klarer verständlich. Der Anfang des Verses lässt den biblischen *locus classicus* für die Wahrnehmung der Präsenz Gottes in einem unräumlichen, kosmischen Heiligtum durchklingen: den Ausruf *barukh kevod YHWH mimeqomo* „Gepriesen sei die Herrlichkeit Gottes von seinem Ort her" (Ez 3,12), den der Prophet Ezechiel während seiner Thronvision (Ez 3,12–15) vernimmt. In der neueren Forschung wird *mi-meqomo* als Hinweis auf die Absenz des realen Tempels verstanden, Gott hat seinen Ort *meqomo*, außerhalb des Tempels, im Kosmos als solchem. Beide, Ez 3,12 und der erste Teil von Q 17:1 haben rhetorische Elemente gemein: einen emphatischen Ausruf zum Preis Gottes *barukh kevod* und *subḥāna lladhī* gefolgt von einer indirekt belassenen Referenz auf den Tempel *mi-meqomo* („sein Ort") bzw. das „fernere (*aqṣā*) Heiligtum", als Klimax. Bereits in einzelnen Qumran-Schriften und generell in der späteren jüdischen Exegese wurde dieser Ausruf den Engeln zugeschrieben, die ihren Gottesdienst in einem erhobenen Raum feiern, zu dem hin auch die menschlichen Zelebranten streben, wenn sie ihren Gottesdienst feiern – ein gemeinsames Charakteristikum der drei liturgischen Traditionen[29]. Im jüdischen Gottesdienst wird der Ausruf an prominenter Stelle verlautbart: nach der Qedusha, dem Dreimalheilig aus Jes 6,1–3, und von der Gemeinde auch gestisch als Signal ihrer eigenen spirituellen „Erhebung"

---

28 Vgl. Phillip Alexander, „Jerusalem as the Omphalos of the World. On the History of a Geographical Concept", in: Lee I. Levine (ed.), *Jerusalem. Its Sanctity and Centrality to Judaism, Christianity, and Islam*, New York 1999, S. 104–116.

29 Man denke christlicherseits an den Cherubim-Gesang beim Großen Einzug (des ostkirchlichen Gottesdienstes) und jüdischerseits an die „Inszenierung" der Rezitation des Ezechiel-Verses nach der Qedusha durch an Engelbewegungen erinnernde Gesten, siehe dazu Carla Sulzbach, „Of Temples on Earth, in Heaven und In-Between", in: Ian H. Henderson / Gerbern S. Oegma (ed.), *The Changing Faces of Judaism, Christianity and Other Graeco-Roman Religions in Antiquity*, Gütersloh 2006, S. 47–62.

erkennbar gemacht. Der liturgisch wichtige Vers könnte durchaus zum Wissensbestand der Gemeinde Muhammads gehört haben, wenn sich eine Abhängigkeit auch nicht erweisen lässt. Muhammads visionäre Reise markiert jedenfalls – nicht anders als Ezechiels Vision – einen Wendepunkt in seiner prophetischen Erfahrung, der ihm den Blick auf einen nicht länger räumlich bestimmten Tempel eröffnet. Wenn auch nicht explizit koranisch verfügt, so wurde *al-masdjid al-aqṣā* doch für die Folgezeit das spirituelle Heiligtum der Gemeinde, anerkannt als ihre *qibla,* das Ziel ihrer täglichen Gebete.

Die Annahme Jerusalems, des irdischen Stellvertreters des spirituellen Tempels, als Zentrum ist kein nur liturgisch relevanter Schritt. Jerusalems Besetzung von 614 n.Chr. war in den Augen der Gemeinde ein Schicksalsschlag, der monotheistische Gläubige insgesamt anging. Was jetzt in Jerusalem passierte, erschien als eine Wiederaufführung der historischen Katastrophe *par excellence,* der aus zahlreichen Traditionen bekannten Zerstörung des Tempels. Über sie berichtet die kurz darauf folgende Versgruppe Q 17:4–8:

> 4   *Wir bestimmten für die Söhne Israels in der Schrift:*
> *„Zweimal werdet ihr Verderben stiften im Lande*
> *und werdet dabei mächtig und anmaßend werden!*
>
> 5   *Wenn die erste der beiden Verheißungen eintritt,*
> *schicken wir über euch Diener von uns von gewaltiger Kraft,*
> *sie dringen gewaltsam in die Wohnstätten ein:*
> *das ist eine Verheißung, die sich erfüllen wird.*
>
> 6   *Dann lassen wir euch wieder die Oberhand über sie gewinnen*
> *und werden euch viel Gut und zahlreiche Söhne geben*
> *und euch an Truppen stärker machen.*
>
> 7   *Wenn ihr Gutes tut, so für euch selber,*
> *und wenn ihr Böses tut, so gegen euch.*
> *Wenn die Verheißung des letzten Males eintrifft,*
> *sollen sie euch schlimm zusetzen*
> *und sollen in die Gebetsstätte eindringen*
> *wie beim ersten Mal*
> *und ganz und gar zerstören*
> *was sie in ihre Gewalt bekommen.*
>
> 8   *Vielleicht wird euer Herr sich über euch erbarmen.*
> *Wenn ihr umkehrt, kehren auch wir um.*
> *Doch haben wir Gehenna zum Gefängnis*
> *für die Ungläubigen gemacht."*

Dieser Bericht über den Tempel, der aus dem Rahmen der erzählenden Teile des Koran insofern herausfällt, als er mit der zweiten Tempelzerstörung Hergänge aus nach-biblischer Zeit thematisiert, reflektiert – genauer betrachtet – das zeitgenössische Ereignis von 614. Nicht nur die ungewöhnlich technisch-militärische Sprache, die an zeitgenössische Kriegsberichterstattung denken lässt, auch die faktischen Parallelen sind auffallend: In beiden Fällen wird Jerusalem geplündert, in beiden Fällen kommen zahllose Menschen zu Schaden und werden Kultobjekte geraubt. Der neue Angriff ist ein Antityp der früheren Zerstörung des Heiligtums.

Die Assoziation von 614 mit der früheren Tempelzerstörung ist dabei keine einzigartige Idee. Strategios, der wohl wichtigste byzantinische Berichterstatter zu dem Ereignis, stellt eine ähnliche Beziehung her, allerdings vor allem, um die Katastrophen gleichermaßen auf die Sündhaftigkeit der Opfer selbst zurückzuführen[30]. Die koranische Synopse verfolgt ein anderes Ziel: Der Koran als ein von der Realität abgehobener Text nimmt nicht direkt zu aktuellen politischen Angelegenheiten Stellung, der Rekurs auf die frühere Katastrophe als Modul, als Präfiguration des zeitgenössischen Ereignisses, ermöglicht nun eine indirekte Stellungnahme – mit ideologie-kritischer Spitze. Beide Katastrophen haben messianische Erwartungen ausgelöst, die mit dem strikten Monotheismus der Gemeinde unvereinbar sind. Mit seiner Betonung der göttlichen Kontrolle über Geschichte und Eschatologie unter Ausschluss jeden Bezugs auf eine messianische Zukunft – es folgt auf die Tempelzerstörung keine innerweltliche Wiederherstellung, nur die eschatologische Abrechnung – weist der Koran die machtvolle Ideologie, die er vorfindet, zurück – eine Ideologie, in der die Kriegsparteien, mit apokalyptischen Figuren identifiziert, übermenschliche Dimensionen erhalten hatten. Die im Judentum undurchtrennbare Ereigniskette: Zerstörung des Tempels und Erscheinen eines Messias, der das Königreich Israels und den Tempel wieder aufrichten wird, ist in der koranischen Darstellung zugunsten einer exklusiv göttlichen Verfügung über die Geschichte zerrissen. Es ist nicht zuletzt

---

30 Zu Strategios' Darstellung siehe James Howard Johnston, *Witnesses to a World Crisis. Historians and Histories of the Middle East in the Seventh Century*, Oxford 2010 und Günter Stemberger, „Jerusalem in the early seventh century: Hopes and Aspirations of Christians and Jews", in: Lee I. Levine (ed.), *Jerusalem. Its Sanctity and Centrality to Judaism, Christianity, and Islam*, New York 1999, S. 261–263; 270–272.

durch Verschweigen, durch negative Intertextualität, dass die messianische Ideologie des koranischen Milieus zurückgewiesen wird.

Diese messianische Ideologie hatte mit der Vorstellung eines David-Throns auf dem seit der Zerstörung des Tempels im Jahr 70 unbebauten, sogar verwahrlosten Tempelbergs einen imaginierten „Stellvertreter" des Tempels geschaffen. Mit der Trauer über die Tempelzerstörung verbindet sich früh die Hoffnung auf seinen Wiederaufbau. Im Achtzehn-Bitten-Gebet, das in der Spätantike fixiert und täglich gesprochen wurde, kommt die Erwartung eines neuen David und der Wiedererrichtung des Tempels zum Ausdruck; so heißt es in der 14. und 15. Berakha:

> *Nach Jerusalem, deiner Stadt, kehre in Barmherzigkeit zurück*
> *und nimm deinen Wohnsitz in ihr, wie du verheißen hast*
> *und erbaue sie bald, in unseren Tagen zu einem ewigen Bau.*
> *Und den Thron Davids richte bald in ihr auf.*
> *Gepriesen seist du Herr, der Jerusalem aufbaut!*
> *Den Spross Davids, deines Knechts, lass eilends hervorsprießen*
> *und sein Horn werde erhöht durch dein Befreiungswerk.*
> *Denn auf die Befreiung durch dich hoffen wir.*
> *Gepriesen seist du, der das Horn der Befreiung sprießen lässt*[31].

Der herbeigesehnte Thron Davids füllt den Tempelberg gewissermaßen neu aus.

Ein zweites Stellvertreter-Bild, nun der Christen, muss hier zumindest summarisch erwähnt werden: der „beseelte Tempel", personifiziert in der Jungfrau Maria. Einige theologische Indizien deuten darauf hin, dass der verlassene Tempelberg auch für die christliche Wahrnehmung ein verstörendes Vakuum darstellte: Die topographische Exklusion des Tempelbergs aus dem urbanen Gewebe des byzantinischen Jerusalem verlangte nach einer Stellvertretung für das Heiligtum. Mit der Übernahme jüdischer Tempel-bezogener Verheißungen in die christliche Tradition allein war es nicht getan. Es ging nicht einfach um einen Wechsel der Institution oder die Verlegung des Kultbaus. Vielmehr tritt neben die Kirche als Nachfolgerin noch eine andere – allegorische – Neu-Verkörperung des Tempels, die in der Folgezeit emotional massive Wirkung auf die Gläubigen haben wird: der „beseelte Tempel" (ὁ ἔμψυχος ναός / *ho empsychos naos*) in Gestalt der Jungfrau Maria. Ihr wird von Justinian eine monumentale Kirche, die „Nea", angrenzend an den unbebaut

---

31 Übersetzung von Michael Krupp, *Messias*, Tübingen 2018, S. 89.

belassenen Tempelberg errichtet. Die Dedikation dieser Tempel-nahen Kirche an Maria bringt architektonisch eine ‚Tempel-Vertreter-Vorstellung' zum Ausdruck, die liturgisch in einem der einflussreichsten geistlichen Lobgesänge auf die Jungfrau gestaltet ist – der wahrscheinlich gegen Mitte des 5. Jahrhunderts, nach dem Konzil von Ephesus, entstand –, dem *Hymnos Akathistos*. Er besteht aus vier Langstrophen preisender Anrufungen der Jungfrau Maria, deren letzte ihr Bild als Tempel spiritueller projiziert:

> *Deinem Sohn Lob singend wollen wir alle auch dich als beseelten Tempel preisen, o Gottesgebärerin.*
> *Der in deinem Leibe gewohnt hat, der mit seiner Hand alles zusammenhält, der Herr hat dich geheiligt, dich verherrlicht und uns gelehrt, dir zu singen:*
> *Sei gegrüßt, du Tempel Gottes und des Wortes;*
> *sei gegrüßt, heilig bist du über allen Heiligen.*
> *Sei gegrüßt, du vom Heiligen Geiste vergoldetes Tabernakel;*
> *sei gegrüßt, du unschätzbarer Quell des Lebens. (...)*
> *Sei gegrüßt, du jungfräuliche Mutter!*

Maria erscheint als „beseelter Tempel", *empsychos naos*, und wird dabei detailliert mit der Ausstattung des Tempels in Verbindung gebracht: Sie wird vorgestellt als „Stiftszelt Gottes und des Logos" (σκηνὴ τοῦ Θεοῦ καὶ Λόγου / *skēnē tou theou kai logou*), als „goldenes Tabernakel des Geistes" (κιβωτὸς χρυσωθεῖσα τῷ Πνεύματι / *kibotos chrysōtheisa tō pneumati*), als „größer als das Allerheiligste" (Ἁγία ἁγίων μείζων / *hagia hagiōn meizōn*). Sie „enthält" in sich als das „Allerheiligste, den Logos" (τὸν πάντων ἁγίων ἁγιώτατον Λόγον / *ton pantōn hagiōn hagiōtaton logon*), wie der israelitische Tempel die Schechina, die Einwohnung Gottes, „enthält". Es liegt nahe, diesen im byzantinischen Reich durch die Geschichte sehr präsenten Hymnus als auch in der Peripherie bekannt anzunehmen. Zwei imaginierte Stellvertreter des Tempels also, die beide mächtige Ideologien hervorbrachten: jüdischerseits den – von einem Thron Davids in Jerusalem – beherrschten Messianismus, christlicherseits eine – nicht nur ikonographisch, sondern auch in unzähligen Hymnen und hymnischen Zwischenstrophen gestaltete – Mariologie[32]. Deren komplexe Rezeption im Koran, vor allem in Sure 19 und Sure 3, hat bisher wenig Beachtung gefunden. Doch zeigt sie das deutliche Bestreben

---
32 Siehe dazu Leena Mari Peltomaa, *The Image of the Virgin Mary in the Akathistos Hymn*, Leiden 2001.

der koranischen Gemeinde, einer allegorischen Aufwertung der Person Marias als Tempelrepräsentation entgegenzuwirken[33].

Soweit die Entwicklungen in Mekka.

5. Die medinische Wende und die Gründung eines arabischen Zentrums

In der medinischen Periode der Koranverkündigung, in den zehn Jahren nach der Emigration der Gemeinde von Mekka in das jüdisch geprägte Medina, werden steingebaute Tempel rehabilitiert. Die frühere Vorstellung einer spirituell überwölbten Welt[34] mit einem „ferneren", nicht irdischen Heiligtum wird einer Rationalisierung unterworfen; das aus dem rabbinischen Judentum bekannte Motto „Nicht im Himmel ist sie (die Tora), sondern auf Erden"[35], wirkt sich auch auf die Gemeinde aus. Medinische Verkündigungen lassen ein politisch motiviertes pragmatisches Überdenken der koranischen Botschaft erkennen. Eine der frühesten Revisionen betraf die liturgische Praxis: die *qibla* zu dem *masdjid al-aqṣā*. Das spirituelle Konzept eines mit Jerusalem verbundenen Heiligtums als universalem Zielpunkt der Gebete war unvereinbar mit der jüdischen Vorstellung von Jerusalem als ihrem nationalen Symbol, das Festhalten an ihm als Gebetsrichtung wurde zum Tabu. Jerusalem – schon biblisch mit exklusiv jüdischen Verheißungen beladen – hatte in der rabbinischen Tradition eine neue Gründungsgeschichte angezogen, nach welcher der Tempel auf den Grundmauern des Altars ruhte, den der Stammvater der jüdischen Volkes, Abraham, gemeinsam mit Isaak für ihr Opfer errichtet

---

33 Vgl. Angelika Neuwirth, *Der Koran als Text der Spätantike. Ein europäischer Zugang*, Berlin 2010, S. 472–488 und Angelika Neuwirth, „Ein Ort wie kein anderer Ort. Jerusalem im Fokus der koranischen Verkündigung", in: Felix Körner / Serdar Kurnaz / Angelika Neuwirth, *Heilige Grenzen? Ausgeschlossen - aufgenommen*, Freiburg im Breisgau, 2022, S. 24–82.

34 Vgl. Angelika Neuwirth, *Die koranische Verzauberung der Welt und ihre Entzauberung in der Geschichte*, Freiburg im Breisgau 2017, S. 40–44.

35 Siehe zu der mit diesem Verdikt endenden talmudischen Geschichte aus bT Baba Meṣia 59a–b, Gershom Scholem, „Offenbarung und Tradition als religiöse Kategorien im Judentum", in: idem (ed.), *Über einige Begriffe des Judentums*, Berlin 1996, S. 102–104.

Abb.6 Fußbodenmosaik der Synagoge von Beit Alpha, Galiläa,
die Akedah darstellend.

hatte[36] – ein genealogisches Konzept, konträr zu der Vorstellung der Gemeinde von Jerusalem als einem spirituellen Ort. Für seine Wirkmächtigkeit spricht, dass das Ereignis in spätantiken Synagogen, d.h. der Nachfolgeinstitution zum Tempel, dargestellt wird, s. Abbildung 6.

Eine der ersten in Medina ergriffenen Reformmaßnahmen war daher die Ersetzung der *qibla* nach Jerusalem durch die nach Mekka. In Q 2: 142–145 heißt es:

142 Die Toren unter den Leuten werden sagen:
Was hat sie abgebracht von der Richtung,
die sie im Gebet einzunehmen pflegten?
143 Sprich: Gottes ist der Osten und der Westen.
Er führt wen er will auf einen geraden Weg.
Wir haben euch zu einer Gemeinde der Mitte gemacht,
damit ihr Zeuge seid über die Menschen
und der Gesandte Zeuge über euch (...)
145 Wir sehen wie du dein Antlitz wendest am Himmel,
Nun werden wir dich zu einer Richtung wenden, die dich zufrieden
macht.

---

36 Siehe dazu Joseph Witztum, „The Foundation of the House (Q 2:127)", in: *Bulletin of the School of Oriental and African Studies* 72 (2009), S. 25–40 und Angelika Neuwirth, *Die koranische Verzauberung der Welt und ihre Entzauberung in der Geschichte*, Freiburg im Breisgau 2017, S. 225–256.

> *Wende dein Antlitz zur Heiligen Gebetsstätte (al-masdjid al-ḥarām)*
> *Und wo immer ihr seid, wendet euer Antlitz zu ihr.*

Der Schritt war kontrovers. Der Verzicht auf Jerusalem zugunsten der Kaaba war ein tiefgreifender Eingriff in die Liturgie. Das nicht physische *masdjid al-aqṣā* durch ein *bait*, einen steingebauten Tempel zu ersetzen, hieß zu einem früheren Konzept zurückzukehren, das bereits als überholt gegolten hatte. In der gegebenen religionspolitischen Krise war die Einsetzung der Kaaba zum neuen Zentrum jedoch ein plausibler Schritt. Denn wie das jüdische Jerusalem war Mekka ein national signifikanter Ort mit alter Geschichtserinnerung. Als Zentrum eines Opfer-involvierenden Ritus, des *ḥadjdj*, ließ es sich schließlich auch mit jenem mythischen Event verbinden, das dem jüdischen Tempel seine genealogische Bedeutung eingetragen hatte: mit der Akedah, Abrahams Sohnesopfer.

Dieses Ereignis wird in einer medinischen Verkündigung statt im Heiligen Land in Mekka angesiedelt. Abraham wurde während seiner Pilgerfahrt in Mekka zur Opferung seines Sohnes aufgerufen. Die Akedah, die in einer mekkanischen Sure, Q 37, als Zeugnis der äußersten Gottestreue Abrahams vorgestellt worden war, ohne dass der Name der Landschaft oder des Sohnes gefallen wäre, wird nun fokussiert: Ein Zusatzvers zu der mekkanischen Sure stellt sicher, dass das Ereignis in der Umgebung von Mekka stattgefunden haben muss. Indirekt, durch diese geographische Bestimmung nahegelegt, erhellt auch, dass nicht Isaak, sondern der arabische Sohn Abrahams der zu Opfernde gewesen sein sollte. Die kurze Akedah-Perikope lautet (Q 37:99–109):

> 99   *Er (Abraham) sprach (zu seinem Vater)*
>   *Ich gehe hin zu meinem Herrn, Er wird mich leiten.*
> 100   *Herr, schenk mir einen von den Frommen!*
> 101   *Da verkündeten wir ihm einen sanften Knaben.*
> 102   *Als er mit ihm soweit gekommen war den Lauf (saʿy) zu vollziehen,*
>   *sprach er: Mein Sohn, ich sah im Traum, dass ich dich opfern soll.*
>   *So sieh, was du dazu meinst.*
>   *Er sprach: Mein Vater, tu was dir befohlen wird,*
>   *du wirst mich, so Gott will, geduldig finden.*
> 103   *Als sich die beiden (in Gottes Willen) ergeben hatten,*
>   *und er ihn auf die Schläfe geworfen hatte,*
> 104   *da riefen wir ihn an: Abraham,*
> 105   *du hast den Traum erfüllt. So lohnen wir denen, die Gutes tun!*
> 106   *Dies ist eine deutliche Prüfung.*
> 107   *Durch ein gewaltiges Schlachtopfer schaffen wir Ersatz für ihn,*

108   und wir ließen für die Späteren den Spruch zurück:
109   Segen sei über Abraham!

Der überlange Zusatzvers 102 ordnet den Traum in den Ablauf der Pilgerfahrt ein, wo dem – das Zeremoniell beschließenden – Opfer ein ritueller Lauf, *sa'y*, zwischen zwei kleinen Heiligtümern vorausgehen soll. In dieser Phase seiner Wallfahrt wird Abraham zur Opferung seines Sohnes aufgefordert. Wie in der Spätantike üblich wird Abraham der Alleingang nicht zugemutet, sein Sohn beteiligt sich an dem Akt.

Eine weitere Evokation der Akedah in Medina rückt den Akt schließlich gänzlich aus dem Spannungsfeld Genealogie-versus-Spiritualität heraus. In Q 2:128 wird der Akt des Opfers selbst angesprochen. Der zu opfernde Sohn hat nun einen Namen, es ist der arabische Sohn Abrahams, Ismael.

Als Abraham, und Ismael die Grundmauern des Tempels (bait) aufrichteten,
(beteten sie:) Unser Herr nimm dies (Opfer) von uns an.
Du bist der Hörende, der Wissende.

Indem beide, Abraham und sein Sohn – nun explizit der Stammvater der Araber, Ismael – den Altar für das Opfer errichten, legen sie die Grundstrukturen für die Kaaba[37]. Das einmal in Jerusalem lokalisierte Ereignis ist zum Typus für die Kaaba-Gründung geworden.

Und doch ist der Verzicht auf das ‚reale Jerusalem' nicht einfach ein Wechsel zu seinem typologischen Antipoden. Vielmehr tritt hier die – nun durchdringende – politische Dimension der koranischen Prophetie zutage. Die Forderung der *qibla*-Änderung wird nämlich aufgewogen durch eine göttliche Zusicherung. Die Gemeinde erhält den einzigartigen Rang einer *umma wasaṭ*, d.h. einer Mittler-Instanz, die zwischen streitende Parteien zu treten befähigt ist. Indem sie dem jüdischen Anspruch auf die Alleinwahrnehmung der Jerusalem-Richtung stattgibt, beweist sie diese besondere Kompetenz schon während der Verkündigungszeit. Ihr späterer Verzicht auf die Übernahme des christlichen Heiligen Ortes in der Mitte Jerusalems und ihre Wiederaufrichtung der einst jüdischen Strukturen auf dem Tempelberg beweisen ihre Kompetenz als *umma wasaṭ* ein weiteres Mal, nun mit weltgeschichtlichen Konsequenzen. –

---

37 Siehe dazu Joseph Witztum, „The Foundations of the House (Q 2:127)", in: *Bulletin of the School of Oriental and African Sudies* 72 (2009), S. 25–40.

So stellt sich der medinische Koran nicht zuletzt als ein Zeugnis der Unabhängigwerdung dar.

Diese Legitimation der Kaaba als neuer Tempel sagt allerdings nichts über ihre gottesdienstliche Funktion aus. Während die jüdische Ätiologie des Tempels als eines Ortes des Opfers durch die Geschichte von Abrahams Opferbereitschaft in sich evident ist, fehlt eine vergleichbare Sachverbindung zwischen dem Abrahamsopfer und der Funktion der Kaaba, an der keine Opfer dargebracht werden. Abraham wird erst in späterer Zeit, Q 22:26–27 als Stifter der *ḥadjdj*-Riten eingeführt, die in einem in dem Nachbarheiligtum Mina dargebrachten Opfer kulminieren:

26 *Als wir Abraham die Stätte des Tempels als Heimstatt anwiesen:*
    „Du sollst mir nichts beigesellen.
    Reinige meinen Tempel für die, die ihn umschreiten,
    die stehen, die sich verneigen und sich niederwerfen!
27 *Rufe unter den Menschen zur Wallfahrt auf,*
    dass sie zu dir kommen zu Fuß oder auf allerlei mageren Kamelen reitend,
    die aus lauter eingeschnittenen Passwegen hervorkommen.
28 *Sie sollen dabei bezeugen, dass sie allerhand Nutzen davon haben und an einer bestimmten Zahl von Tagen*
    den Namen Gottes über jedem Stück Vieh aussprechen,
    das er ihnen gegeben hat. Esst davon und gebt dem Notleidenden und Armen.
29 *Danach sollen sie ihre rituelle Verwahrlosung aufgeben...*

Das dabei von den Pilgern kollektiv dargebrachte Opfer, Q 22:28, ist in der Tradition als eben jenes Ersatzopfer verstanden worden, das in Q 37:105 („Durch ein gewaltiges Schlachtopfer lösten wir ihn aus") anstelle des Sohnes tritt. Es ist anzunehmen, dass bei der Zurückführung der Kaaba-Geschichte auf Abrahams Opferbereitschaft bereits die prominenteste Funktion der Kaaba, nämlich Ausgangsort des *ḥadjdj* zu sein, und somit auch dessen Klimax, die Opferhandlung bei Mina, mitbedacht worden ist. Dass das Opfer im Bewusstsein der Gemeinde als eine signifikante Handlung präsent war, geht aus seiner Problematisierung hervor, in der das *ḥadjdj*-Opfer gegen das Opferverständnis in den Nachbarreligionen abgegrenzt wird[38]. In der *ḥadjdj*-spezifischen Sure Q 22:37 wird klargestellt:

---

38 Siehe Angelika Neuwirth, *Der Koran als Text der Spätantike. Ein europäischer Zugang*, Berlin 2010, S. 554–560 und Hava Lazarus-Yafeh, „The

*Weder ihr Fleisch noch ihr Blut wird zu Gott aufsteigen,
sondern einzig eure Gottesfurcht.*

Angesichts der nicht sicher datierbaren medinischen Suren lässt sich die Einwicklung im Einzelnen allerdings schwer mit Sicherheit rekonstruieren[39].

6. Eintritt in die Geschichte

Die durch diese Neulektüre des biblischen Berichts legitimierte Verlegung der *qibla* von Jerusalem nach Mekka kann als „Unabhängigkeitserklärung" der Gemeinde gelten. Indem die Gemeinde nun über ein eigenes Zentrum verfügte, war sie nicht mehr eine geduldete Minderheit, sondern imstande, ein eigenes Gemeinwesen aufzubauen und sogar das Projekt der Einigung der Halbinsel unter muslimischer Herrschaft mit militärischen Mitteln anzugehen. Was nun beginnt, ist die militante Phase des Gemeindelebens, mit Praktiken, die sich nicht wesentlich von denen der beherrschenden Figur der Zeit unterschieden, derjenigen des römischen Kaisers Herakleios[40], dessen Kriegführung und Kriegspropaganda die provinziellere Geschichte des Hidjaz lange überschattet hatte.

Muhammads Annäherung an Herakleios als Feldherrn wurde von einer neuen Kriegstheologie gestützt. War seine Karriere in Mekka am Leben des Mose ausgerichtet gewesen, für den Gott an seinen Feinden Rache nahm, so war er in der realen Welt Medinas, wo der Prophet ein

---

Religious Dialectics of the Hajj", in: Gerald Hawting (ed.), *The Development of Islamic Rituals*, Aldershot 2006, S. 263–290.

39 Systematische Versuche dazu sind nach dem sehr teleologisch ausgerichteten Werk von Christiaan Snouck Hurgronje, „The Meccan Feast" (englische Übersetzung von *Het Mekkaansche Feest*, Leiden 1880), in: Gerald Hawting (ed.), *The Development of Islamic Rituals*, Aldershot 2006, S. 139–161, nicht mehr unternommen worden.

40 Siehe zu ihm Walter E. Kaegi, *Heraclius, Emperor of Byzantium*, Cambridge 2003 und James Howard-Johnston, *Witnesses to a World Crisis. Historians and Histories of the Middle East in the Seventh Century*, Oxford 2010. Siehe auch Nadia M. El Cheikh, „Muhammad and Heraclius. A Study in Legitimacy", in: *Studia Islamica* 89 (1999), S. 5–21; eadem, „Surat al-Rum. A Study of the Exegetical Literature", in: *Journal of the American Oriental Society* 118 (1998), S. 356–364.

König in Verkleidung war, auf sich gestellt. Die im mekkanischen Koran häufigen Bedrohungen der Gegner mit göttlicher Strafe, die bis dahin unerfüllt geblieben waren, verlangten nach Durchsetzung durch die Gemeinde selbst. Der duldende Prophet hatte sich zu einem kämpfenden Propheten zu wandeln. Auch hier gab es, wie Walid Saleh[41] gezeigt hat, biblische Vorbilder: die Helden der biblischen Königsbücher. Aus ihrer Geschichte, aus der in Q 2:246–53 berichtet wird, kann V. 246 gewissermaßen als Motto für das neue Ethos zitiert werden:

> *Warum sollten wir uns weigern zu kämpfen auf dem Wege Gottes,*
> *da wir doch vertrieben wurden von unseren Häusern und unseren Kindern?*

Kriegerische Auseinandersetzungen – in der paganen beduinischen Gesellschaft der Halbinsel ohnehin an der Tagesordnung – ließen sich in der Situation der Gemeinde sowohl pragmatisch als auch biblisch rechtfertigen. Die von Muhammad selbst verantworteten Kriege waren zunächst überlebensnotwendige Maßnahmen, wie die Schlacht von Badr 624 n.Chr., ein Befreiungsschlag, der von der Gemeinde als ihr Nachvollzug des israelitischen Auszugs aus Ägypten[42] gedeutet wurde. Die Feldzüge galten in den folgenden Jahren der Einigung der mit einander rivalisierenden Stämme der Halbinsel unter die sakrale Ordnung des neuen Monotheismus. Durch gleichzeitige Missionsaktivitäten und militärische Vorstöße ließ sich ein neues politisches Konzept für die Halbinsel durchsetzen, in dem das vorher bereits als Handels- und Pilgerzentrum einflussreiche Mekka nun zu einem politischen und militärischen Machtzentrum aufstieg, dessen gesellschaftliche Wirklichkeit allerdings von der sakralen Ordnung, d.h. von frequenten liturgischen und rituell asketischen Übungen geprägt sein sollte[43]. Vielleicht aufgrund dieser in der Umwelt ungewöhnlichen praktizierten Frömmigkeit betrachtet man

---

41 Siehe Walid Saleh, „End of Hope. Suras 10–15, Despair and a Way Out of Mecca", in: Angelika Neuwirth / Michael Sells (ed.), *Qur'anic Studies Today*, London / New York 2016, S. 105–123 und Walid A. Saleh, „'What if you refuse, when ordered to fight?' King Saul (Talut) in the Qur'an and Post-Qur'anic Literature", in: Carl S. Ehrlich (ed.), *Saul in Story and Tradition*, Tübingen 2006, S. 261–283.

42 Zu der Exodus-Deutung der Schlacht, siehe Angelika Neuwirth, *Der Koran als Text der Spätantike. Ein europäischer Zugang*, Berlin 2010, S. 669–671.

43 Unter den in Medina erlassenen Anweisungen nehmen die Regelungen des Rituals einen besonders breiten Raum ein.

Abb. 7 Das „Goldene" Osttor des Tempelbezirks.

Muhammad allzu oft als eine Figur der abgelegenen hidjazenischen Provinz. Spätestens mit der Wiedereinnahme Mekkas 630 n.Chr. ist er aber unter die aktiven politischen Spieler der weiteren Region zu rechnen. Obwohl dies selten ausgesprochen wird: Faktisch stehen Herakleios und Muhammad in einem Vorgänger-Nachfolger-Verhältnis. Die südmittelmeerischen Provinzen, die Herakleios zurückerobert hatte, wurden bereits eine Generation später von den Muslimen in Besitz genommen.

Allerdings unterscheidet beide ihr ganz verschiedenes Verhältnis zur Geschichte. Muhammad trat nicht in die Fußstapfen des „letzten römischen Kaisers", sondern blieb gegenüber den apokalyptischen Ideologien seiner Zeit, die aus der Zerstörung des Tempels erwachsen waren, distanziert. Man könnte den Koran sogar insgesamt die Absicht bescheinigen, unter seinen verschiedenen Reformzielen vor allem die Abwehr der zu seiner Zeit virulenten apokalyptischen Ideologien verfolgt zu haben.

Zwei kurze Texte können die grundsätzlich verschiedenen Visionen von Herrschaft bei den beiden historischen Gestalten illustrieren. Nach einer über Herakleios im Umlauf befindlichen Legende[44], traf der Kaiser

---

44 Die Legenda ist am einfachsten zugänglich in der Legenda aurea, vgl. Richard Benz, *Die Legenda Aurea des Jacobus de Voragine*. Aus dem Lateinischen übersetzt. Mit einem Nachwort von Walter Berschin, Gütersloh ^{14}2004 [1955],

bei seinem Einzug in Jerusalem im Jahre 630, als er die Kreuzesreliquie nach Golgatha zurückbringen wollte, auf Hindernisse. Zu Pferd und in kaiserlichem Prunk will er durch das östliche Tor einziehen. „Doch fielen plötzlich Steine aus dem Tor herunter, so als ob sie es verschließen sollten. Da erschien ein Engel, der ihn zur Demut gemahnt. Der Kaiser legt daraufhin seine Prachtgewänder ab und nähert sich barfüßig dem Tor. Sofort weichen die Steine zurück und lassen ihn passieren."

Das Szenario nimmt dasjenige der syrischen Ps. Methodius-Apokalypse[45] vorweg, nach welcher „der letzte römische Kaiser" seine Krone vom Haupt nehmen wird und sie dem Gekreuzigten darbringt. Das römische Reich, das nach der zeitgenössischen Vorstellung das vierte der von Daniel vorausgesagten Reiche ist, wird das letzte sein. Dieses Ende heraufzubeschwören, und sei es nur durch eine Geste, ist Ausdruck eines ehrgeizigen apokalyptischen Anspruchs, den Herakleios – wie aus seiner Kriegspropaganda bekannt ist – tatsächlich einige Zeit gehegt hat[46].

Der zweite Text ist ein Koranvers, der aus der gesamten Verkündigung herausragt, indem er – im Koran einzig – Muhammad eine transzendente Dignität verleiht, Q 33:56. Der Vers wird daher von Abdalmalik, dem Bauherrn des Felsendoms in seiner großen Inschrift im inneren Ambulatorium auch mehrmals zitiert, um den Propheten auf Augenhöhe

---

S. 537–538; zu den älteren östlichen Überlieferungen siehe Stephan Borgehammer, „Heraclius Learns Humility. Two Early Latin Accounts Composed for the Celebration of the Exaltatio Crucis", in: *Millenium. Jahrbuch zu Kultur und Geschichte des ersten Jahrhunderts n.Chr.* 6 (2009), S. 145–201; vgl. auch Andrea Sommerlechner, „Kaiser Herakleios und die Rückkehr des Heiligen Kreuzes nach Jerusalem. Überlegungen zu Stoff- und Motivgeschichte", in: *Römische Historische Mitteilungen* 45 (2003), S. 319–360.

45 Die einige Jahrzehnte später redigierte Methodius Apokalypse, siehe Günter Stemberger, „Jerusalem in the early seventh century: Hopes and Aspirations of Christians and Jews", in: Lee I. Levine (ed.), *Jerusalem. Its Sanctity and Centrality to Judaism, Christianity, and Islam*, New York 1999, S. 264–266, hat alte apokalyptische Bilder wieder aufgenommen. Die Kronen-Übergabe an Christus verbindet sich zwar nicht mit Herakleios' Einzug in Jerusalem, das Ereignis muss, nach Stemberger, S. 265, „aber zentral gewesen sein für die Szene, in der alle irdische Herrschaft zuende geht".

46 Herakleios' Rückeroberung der an Persien verlorenen Provinzen wurde als notwendige Voraussetzung für das Eintreffen der Endzeit propagiert, siehe Gerrit J. Reinink, „Heraclius, the new Alexander. Apocalyptic Prophecies during the Reign of Heraclius", in: Gerrit J. Reinink / Bernard H. Stolte (ed.), *The Reign of Heraclius (610–641). Crisis and Confrontation*, Leuven 2002, S. 81–92.

zu Jesus zu rücken⁴⁷. Auch dieser Vers könnte auf das Jahr 630 zielen, in dem Muhammad triumphal in das nun zurückgewonnene Mekka einzog. Wieder sind Engel involviert, die ihn als Herrscher, oder besser: als geistigen Führer, bestätigen. In Q 33:56 heißt es:

> *Gott und die Engel beten über dem Propheten,*
> *ihr die ihr glaubt, betet Eurerseits über ihm und wünscht ihm Heil.*

Hier ist es aber keine wunderbare Engelerscheinung im irdischen Jerusalem, die den Herrscher bei seiner – von der apokalyptischen Narrative geforderten – Annäherung an das Heilige unterstützt, sondern ein Engelkollektiv im transzendenten Raum, das seine Würde als geistigem Oberhaupt seiner Gemeinde bestätigt. Der hier eingeblendete Gottesdienst der Engel ist am ehesten im himmlischen Heiligtum, im *masdjid al-aqṣā* vorzustellen. Mit dieser Bestätigung von Muhammads prophetischer Herrschaft in der Zeit haben sich für seine Gemeinde die in der Umwelt so wirkmächtigen messianischen und apokalyptischen Erwartungen erledigt.

Allerdings waren diese Ideologien damit für die Nachbarreligionen keineswegs erloschen, die dort gerade während der arabischen Eroberungswellen noch einmal aufflammten und die auch im späteren zeitweise wieder aufflackern werden⁴⁸. Gerade deswegen verdient die konsequente Eliminierung dieses Gedankenguts aus der koranischen

---

47 Zur Felsendom-Inschrift siehe Marcus Milwright, *The Dome of the Rock and its Umayyad Mosaic Inscriiptions.* Edinburgh 2016. Vgl. zu der umaiyadischen Baupolitik Amikam Elad, „Pilgrims and Pilgrimage to Jerusalem during the Early Muslim Period", in: Lee I. Levine (ed.), *Jerusalem, Its Sanctity and Centrality to Judaism, Christianity and Islam*, New York 1999, S. 300–314.

48 Hier manifestiert sich apokalyptisches Denken vor allem in Krisensituationen, wie Bürgerkriegen. Solche Ereignisse wurden apokalyptisch als *al-fitan wa-l-malāḥim*, „Prüfungen und Endzeit ankündigende Kriege" gedeutet, die zumeist bereits auf Voraussagen des Propheten zurückgeführt wurden. Ihre Sukzession wird letztendlich in den Jüngsten Tag einmünden – ohne dass daraus jedoch eine dramatische Narrative konstruiert worden wäre, vgl. Aziz al-Azmeh, „God's Chronography and Dissipative Time: Vaticinium ex Eventu in Classical and Medieval Muslim Apocalyptic Traditions", in: *The Medieval History Journal* 7/2 (2004), S. 199–225.

Abb.8 Der Felsendom.

Botschaft als eine bedeutende Errungenschaft des Koran, man könnte sagen: als eine kulturkritische Einbringung in die Gedankenwelt der Zeit, besondere Anerkennung.

Eine zweite Errungenschaft ist ebenbürtig: Die Rezeption der biblisch-prophetischen Tempelkritik, die dazu führte, dass man – auch nachdem mit der Kaaba ein Steinbau wieder als Tempel eingesetzt worden war – neben diesem an einem spirituellen Tempel festhielt. Trotz der Prominenz von Mekkas Tempel, *bait*, der Kaaba, als Zentrum der Pilgerfahrt, ist das Bild des nicht-irdischen – über Jerusalem schwebenden – Tempels, des *masdjid al-aqṣā,* nicht verblichen. Sein irdischer Ort, der als *omphalus mundi* erkannte Fels – keineswegs die Kaaba in Mekka – wurde 60 Jahre nach dem Tode des Propheten mit dem prächtigsten Monument seiner Zeit, dem Felsendom, überbaut.

Den ältesten islamischen Zeugnissen zufolge ist dieser Bau – entgegen der herrschenden Forschungsmeinung[49] – nicht etwa ein Neubau des alten irdischen Tempels zu verstehen, sondern als Markierung der *axis*

---

49 Vgl. Andreas Kaplony, „635/638: The Mosque of Jerusalem (Masjid Bayt al-Maqdis)", in: Oleg Grabar / Benjamin Z. Kedar (ed.), *Where Heaven and Earth Meet. Jerusalem's Sacred Esplanade Jerusalem,* Austin 2009, S. 100–131.

*mundi*⁵⁰ und – in Erinnerung an die visionäre Reise des Propheten, die ihn in das spirituelle Jerusalem führte – als Ausgangspunkt für den geistigen Aufstieg zu seinem Antipoden, dem *masdjid al-aqṣā*.

7. Rückblick

Es war davon die Rede, dass Judentum und Christentum auf den Jerusalemer Tempel als ihren Grundstein, als die ihren Monotheismus erst begründende Institution blicken. Lässt sich für den Islam eine vergleichbare theologische Genealogie denken? Fußt auch die islamische Religionskultur letztendlich auf dem Tempel? Wenn man bereit ist, die bibelgeschichtlichen Bedeutungsschichten, den davidischen Plan, den salomonischen Bau und seine Tempelweihe, die psalmistischen Wallfahrtsbegleitenden Tempelpoesien, die prophetische Tempelkritik und Jesu Auseinandersetzungen mit dem Tempel, als ein Erbe, das dem „Spätankömmling Islam" nicht direkt zugänglich ist, auszublenden, könnte man dem Koran und damit dem Islam durchaus eine auf dem Tempel basierende Geschichte zuerkennen. Die mit dem Koran begründete Religionskultur basiert gewissermaßen auf dem „Zweiten Teil" der Tempelgeschichte, seiner spätantiken Wahrnehmung. Nicht dass die Gestalt Salomos im koranischen Horizont fehlte⁵¹ – sein Tempelbau wird nur, da

---

50 Siehe Josef van Ess, „ʿAbd al-Malik and the Dome of the Rock: An Analysis of Some Texts", in: Julian Raby / Jeremy Johns (ed.), *Bayt al-Maqdis: ʿAbd al-Malik's Jerusalem*, Oxford 1992, S. 89–103.

51 Salomo-Geschichten werden im Koran in den Suren 38, 27 und 21 erzählt. Unter den ihm zugeschriebenen Prachtbauten, die er gemeinsam mit ihm dienstbaren Dämonen errichtet, fehlt jedoch der Tempel, siehe zu Sure 38 Angelika Neuwirth, *Der Koran*, Bd. 2/1: Frühmittelmekkanische Suren: Das neue Gottesvolk. „Biblisierung des altarabischen Weltbildes", Berlin 2017, S. 554–558, zu Sure 27 und 21 siehe Angelika Neuwirth / Dirk Hartwig, *Der Koran*, Bd. 2/2: Spätmittelmekkanische Suren: Der spirituelle Weg der Gemeinde heraus aus säkularer Indifferenz und apokalyptischen Pessimismus, Berlin 2021, S. 538–558 bzw. 700–708. Dagegen berichtet die traditionelle Exegese, etwa al-Thaʿlabī (11.Jh.) vom Tempelbau, siehe Heribert Busse, *Islamische Erzählungen von Propheten und Gottesmännern. Qiṣaṣ al-anbiyāʾ oder ʿArāʾis al-madjālis von Abū Isḥāq Aḥmad b. Muḥammad b. Ibrāhīm al-Thaʿlabī.* Übersetzt und kommentiert von Heribert Busse, Wiesbaden 2006, S. 388–392. Die

die Gemeinde in mittelmekkanischer Zeit nicht mehr auf steingebaute Tempel, sondern auf „unräumliche Heiligtümer"[52] setzte, als irrelevant verschwiegen. In der – vor allem auf Gotteslob und Klage des Gerechten konzentrierten – koranischen Psalmenrezeption sind die Wallfahrtslieder nicht enthalten[53]. Während Jesajas und Ezechiels Tempelkritik zwar nicht historisch eingeordnet wird, aber durchaus – durch die jüdische Liturgie transportiert – ein Echo im Koran findet, ist Jesu Auseinandersetzung mit dem Tempel kein Thema; seine Person trägt im Koran keine konkret lebensgeschichtlichen Züge. Dagegen ist Maria eng mit dem Tempel verbunden, nicht nur diskursiv, in Abwehr allegorischer Vorstellungen, sondern – in Anlehnung an christliche liturgische Traditionen – auch lebensgeschichtlich[54].

Zentral im Koran ist die metahistorische Dimension: der himmlische, oder doch über Jerusalem schwebende Tempel, der sich im *masdjid al-aqṣā* von neuem manifestiert. Auch Mythisches bleibt relevant: Das Abrahamsopfer, das in der Spätantike explizit auf dem Tempelberg lokalisiert wurde, wird in Medina als Ätiologie für die steingebaute Gestalt des Heiligtums bei der Etablierung der Kaaba als monotheistischer Tempel in Mekka noch einmal formgebend. Die besonders nach der Tempelzerstörung virulent werdende Wahrnehmung des Tempelbergs als *axis mundi*[55] dürfte bereits dem Konzept des ferneren/fernsten Heiligtums zugrunde liegen; sie wird durch den Bau des Felsendoms architektonisch manifest

---

    unterhaltsam erzählte Geschichte bezeugt aber keinerlei theologisches Bewusstsein, der Tempelbau ist Episode.

52 Siehe Klaus Bieberstein, „Eine Abbildung des an-sich-Unräumlichen im Raume. Mythischer Raum und mythische Zeit im Symbolsystem Jerusalems", in: *Communio* 41 (2012), S. 527–534.

53 Zur koranischen Psalmenrezeption siehe Angelika Neuwirth, „Qur'anic Readings of the Psalms", in: Angelika Neuwirth / Nicolai Sinai / Michael Marx (ed.), *The Qur'an in Context. Historical and Literary Investigations into the Qur'anic Milieu*, Leiden 2010, S. 733–778.

54 Siehe Angelika Neuwirth, „Ein Ort wie kein anderer Ort. Jerusalem im Fokus der koranischen Verkündigung", in: Felix Körner / Serdar Kurnaz / Angelika Neuwirth, *Heilige Grenzen? Ausgeschlossen - aufgenommen*, Freiburg im Breisgau 2022, S. 24–82.

55 Siehe Philip Alexander, „Jerusalem as the Omphalos of the World. On the History of a Geographical Concept", in: Lee I. Levine (ed.), *Jerusalem, Its Sanctity and Centrality to Judaism, Christianity and Islam*, New York 1999, S. 104–119.

gemacht. Aber wenn sich dessen Kuppel auch nicht über einem früheren Heiligtum, sondern über dem Fels als dem *omphalus mundi*, dem Ort des Anfangs und des Endes der Schöpfung, erhebt, so ist doch auch hier Geschichte mitgedacht. Allerdings ist es wieder spätantike Geschichte: Wie das fast ausschließlich aus Koranzitaten bestehende Inschriftenband[56] im Inneren des Baus bezeugt, ist die historische Gestalt des Propheten präsent, der auf Augenhöhe mit dem religiösen Heros des Ortes, mit Jesus, gestellt wird. Koranverse zu Jesus alternieren mit solchen zu Muhammad. Muhammads mit dem Felsendom in Erinnerung gebrachte Verbindung zum *masdjid al-aqṣā*, dem visionären nicht-räumlichen Heiligtum, hatte der Gemeinde den Zugang zu einem neuen – von keinem „Haus", *bait*, mehr eingegrenzten – Gottesbild eröffnet. Das Areal auf dem Berg der Heiligtümer wird diesem Ereignis zu Ehren als Ganzes *al-masdjid al-aqṣā*, genannt. Man könnte hierin ein Gegenkonzept zum historischen Tempel sehen. Insofern dieses *masdjid al-aqṣā* – aber, nicht anders als „sein Ort" *meqomo*, in der Ezechiel-Vision auch, eine sublimierte Projektion des Tempels ist, wie sie sich im Judentum längst vorher vollzogen hatte, löst sich der Gegensatz auf.

Auch der Islam gründet somit – freilich „spätantik", exegetisch und liturgisch, vermittelt – auf dem Jerusalemer Tempel, nur eben auf dessen bereits metahistorischer, spiritueller Manifestation. Ein Prophetenwort hat diese neue, spätantike Tempelwahrnehmung auf den Punkt gebracht, indem es unter den Gott-gewährten Auszeichnungen Muhammads eine besonders hervorhebt[57]. Der Prophet selbst sagt von sich: „Mir wurde gegeben, was keinem Propheten vor mir gegeben wurde (es folgen fünf Auszeichnungen, deren zweite die folgende ist): Die ganze Welt ist für meine Gemeinde als Gebetsstätte (…) ausgelegt, wo immer sie die Gebetszeit ereilt, kann sie das Gebet verrichten." Zu dieser Ubiquität des irdischen Gebetsorts passt die Grenzenlosigkeit des kosmischen Raums, durch den sich einmal der Prophet des Islam in seiner visionären Reise erhoben hat, und durch den sich weiterhin die Gebete der Gemeinde zu Gott erheben. – Eine diametral verschiedene Sicht gegenüber der gegenwärtig von der Archäologie verfolgten Tempelvision.

---

56 Siehe dazu Marcus Milwright, *The Dome of the Rock and its Umayyad Mosaic Inscriiptions*, Edinburgh 2016.
57 Al-Bukhari, *Al-Sahih*, Kairo o.D., Hadith 331.

Abb.9 Der Aufstieg zum kosmischen Tempel. Miʿradj des Propheten Muhammad, Manuscript Falnameh.

8. Abbildungsverzeichnis

Für jede Abbildung liegt eine Genehmigung zur Verwendung vor. Es gelten folgende Urheberrechte:

Abb.1: Der Triumphbogen des Titus, Rom. © Carole Raddato; Wikimedia Commons; unveränderte Fotografie; CC BY-SA 2.0.

Abb.2: Relief auf der linken Innenseite des Bogens. © Steerpike; Wikimedia Commons; unveränderte Fotografie; CC BY 3.0.

Abb.3: Der Tempelberg *Al-ḥaram al-sharīf* in Jerusalem. © Andrew Shiva; Wikimedia Commons; unveränderte Fotografie; CC BY-SA 4.0.

Abb.4: Madaba-Karte, um 500, mit Anastasis-Kirche im Mittelpunkt. © Berthold Werner; Wikimedia Commons; unveränderte Fotografie; CC BY 3.0.

Abb.5: Karte der Altstadt (aus der Mamlukenzeit) die im Wesentlichen noch den römischen Stadtplan spiegelt und die überragende Proportion des Heiligtumsbergs im Südosten im Verhältnis zur Gesamtstadt erkennbar macht. Shadha Malhis, „The Spatial Logic of Mamluk Madrassas: Readings in the Geometric and Genotypical Compositions", in: *Nexus Network Journal* 19 (2017), pp. 45–72., here: page 62. Kind permission by author.

Abb.6: Fußbodenmosaik der Synagoge von Beit Alpha, Galiläa, die Akedah darstellend. © unbekannt; Wikimedia Commons; public domain.

Abb.7: Das „Goldene" Osttor des Tempelbezirks. © David Castor; Wikimedia Commons; unveränderte Fotografie; CC0 1.0.

Abb.8: Der Felsendom. © Ludvig14; Wikimedia Commons; unveränderte Fotografie; CC BY-SA 4.0.

Abb.9: Der Aufstieg zum kosmischen Tempel. Miʿradj des Propheten Muhammad, Manuscript Falnameh. © Wikimedia Commons Public Domain.

www.ingramcontent.com/pod-product-compliance
Lightning Source LLC
Chambersburg PA
CBHW070342240426
43665CB00046B/2546